BEI GRIN MACHT SICH IHR WISSEN BEZAHLT

AF130542

- Wir veröffentlichen Ihre Hausarbeit, Bachelor- und Masterarbeit

- Ihr eigenes eBook und Buch - weltweit in allen wichtigen Shops

- Verdienen Sie an jedem Verkauf

Jetzt bei www.GRIN.com hochladen und kostenlos publizieren

Einsatz von cloudbasiertem Workflow-Management in Unternehmen

Jie Xin

Bibliografische Information der Deutschen Nationalbibliothek:

Die Deutsche Nationalbibliothek verzeichnet diese Publikation in der Deutschen Nationalbibliografie; detaillierte bibliografische Daten sind im Internet über http://dnb.d-nb.de abrufbar.

ISBN: 9783346411181
Dieses Buch ist auch als E-Book erhältlich.

© GRIN Publishing GmbH
Nymphenburger Straße 86
80636 München

Alle Rechte vorbehalten

Druck und Bindung: Books on Demand GmbH, Norderstedt Germany
Gedruckt auf säurefreiem Papier aus verantwortungsvollen Quellen

Das vorliegende Werk wurde sorgfältig erarbeitet. Dennoch übernehmen Autoren und Verlag für die Richtigkeit von Angaben, Hinweisen, Links und Ratschlägen sowie eventuelle Druckfehler keine Haftung.

Das Buch bei GRIN: https://www.grin.com/document/1019683

Hochschule Darmstadt
- Fachbereich Informatik -

Einsatz von cloudbasiertem Workflow-Management in Unternehmen

Seminararbeit
Wissenschaftliches Arbeiten in der Informatik 2

vorgelegt von
Jie Xin

Zusammenfassung

Im digitalen Zeitalter werden mittlerweile notwendige IT-Ressourcen vermehrt nachgefragt und immer mehr Unternehmen versuchen, sich so den neuen Anforderungen an sich immer dynamischer entwickelnde Märkte anzupassen. Und so lassen sich Schwankungen in Bedarf und in Einsatz von Ressourcen innerhalb der Unternehmen signifikant benutzen und es kann eine optimale Ressourcenauslastung gewährleistet werden. Die Anforderungen an moderne IT-Systeme wachsen stetig und dies impliziert einen großen Bedarf an neuen Computing-Ansätzen - einer davon ist Cloud Computing.

Der bedarfsorientierte Einsatz von IT-Ressourcen wie externe Server, Rechenleistungen, Speicherkapazitäten oder Software mittels Cloud-Lösungen ermöglicht den Unternehmen, kostensparend, aber dennoch flexibel und effizient zu arbeiten. Somit können wertvolle IT-Ressourcen in Anspruch genommen werden, ohne sie selber aufzubauen oder in den physischen Betrieb einer hierfür erforderlichen IT-Infrastruktur zu inverstieren. Neben etablierten Unternehmen haben auch Neugründungen, sogenannte Start-ups, mögliche Potenziale der bedarfsorientierten IT-Infrastruktur für sich erkannt. Diese kann als Mittel verwendet werden, um trotz des erhöten unternehmerischen Gründungsrisikos innovative und moderne IT-Ressourcen in Anspruch zu nehmen. Der dadurch verminderte Managementaufwand und Kosteneinsparungen für die IT-Infrastruktur sind die zwei wesentliche Vorteile, die den Einsatz von Cloud Computing im Unternehmen mit sich bringen. Doch der Umstieg bringt neben Vorteilen auch neue Herausforderungen mit sich. Um den Anforderungen des Marktes zu entsprechen, werden neue Unternehmensstrukturen benötigt, die es ermöglichen, komplexe Geschäftsabläufe effizient abzuarbeiten und einer der Konzepte ist das Workflow-Management.

Zu diesem Zweck soll diese wissenschaftliche Arbeit den Einsatz von effizienten und bedarfsorientierten IT-Ressourcen mithilfe von Cloud-Diensten in Unternehmen analysieren und anhand eines Beispiels erläutern. Vorab werden die technischen und wirtschaftlichen Grundlagen beleuchtet, sie bieten den Einstieg in die Themengebiete, um das Integrationsszenario von Workflow-Management mit Cloud Computing für den Leser verständlicher dazulegen.

Inhaltsverzeichnis

Abbildungsverzeichnis

1 EINLEITUNG

Der Begriff Cloud-Computing bedeutet frei übersetzt „Computersystem auf der Wolke" (vgl. [AG12, S. 15]). Er bezeichnet die Möglichkeit, IT-Ressourcen wie Speicherkapazität, Rechenleistung oder CRM-Software als Unternehmen von einer virtuellen Cloud abzurufen, zu nutzen und leistungsorientiert zu bezahlen. Aufgrund deren Vielfältigkeit nutzen viele Unternehmen diese von externen Anbietern zur Verfügung gestellte Ansammlung von IT-Ressourcen.

Somit vollzieht sich eine Veränderung, in der IT-Ressourcen in Echtzeit als Service über das Internet oder innerhalb eines lokalen Netzwerks bereitgestellt werden.
Laut einer Studie der Markt- und Meinungsforschungsinstitution Statista stieg der Einsatz von effizienten IT-Ressourcenlösungen mittels Cloud-Diensten in Unternehmen in Deutschland im Jahr 2016 auf 65%, im Vergleich zu Jahr 2015 sind es 11% an Wachstum (siehe Abb.1.1). Erhebungen über die weitere Nutzung der in Un-

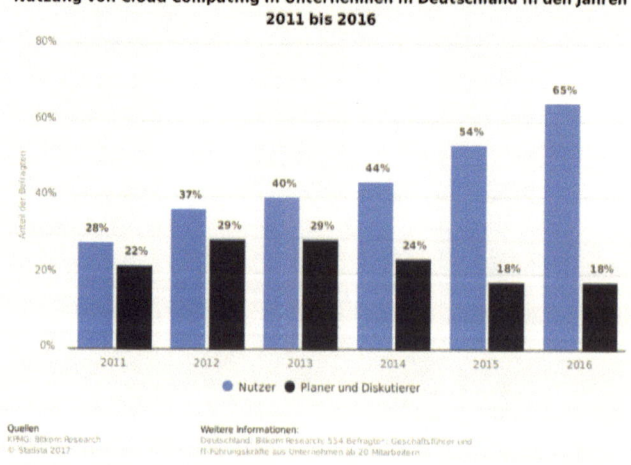

Abbildung 1.1: Nutzung von Cloud Computing in Unternehmen in Deutschland
Quelle: [Res17, S. 23]

ternehmen angewandten Cloud-Dienste lassen darauf schließen, dass Unternehmen von den innovativen IT-Lösungen profitieren. Somit können bedarfsorientierte und effizientere IT-Ressourcen zu einem dauerhaften Schlüsselfaktor innerhalb von Unternehmen werden und haben – so scheint es – durchaus das Potenzial für eine langfristige Integration in die internen Geschäftsprozesse. Somit müssen aber auch die Geschäftsmodelle der Unternehmen neu angepasst werden.

Die Arbeit beschäftigt sich mit der Analyse von Workflow-Management-Systemen und Cloud Computing. Zunächst werden ein Überblick über Cloud Computing gegeben und die technischen Grundlagen sowie die zugrunde liegenden Architekturen dargelegt, anschließend werden die Vorteile und Herausforderungen aufgezeigt, die beim Einsatz in Unternehmen entstehen können. Nach dem ersten Teil der Arbeit befasst sich der zweite Teil mit den Grundlagen von Geschäftsprozessen und Workflow-Management und bietet einen Einstieg in das Themengebiet. Anschließend wird gezeigt, inwiefern das intergrierte Workflow-Management von Cloud Computing profitieren kann. Zudem soll untersucht werden, wie SaaS als Anwendungsfunktion in einen Workflow integriert werden kann. In der Schlussbetrachtung werden die Erkenntnisse zusammenfassend dargestellt und ein Fazit gezogen.

2 GRUNDLAGEN

In diesem Kapitel wird im ersten Teil in das Themengebiet des Cloud Computings eingeführt. Dazu werden die grundlegenden Basistechnologien, Architekturen und Organisationsformen beschrieben. Der zweite Teil befasst sich mit den Grundlagen des Workflow-Managements. Zunächst werden die erforderlichen Begriffe eingeführt und anschließend die Ziele und Vorteile von Workflow-Management sowie dessen Prozessmodellierung vorgestellt.

2.1 Cloud Computing

Das Leitwort Cloud Computing genießt immense Beliebheit. Das bestätigt die Anzahl der Suchergebnisse bei Google (Ungefähr 115.000.000)(vgl. [BKNT11, S. 11]). Zum Vergleich: Das verwandte Grid-Computing erzielt nur einen Bruchteil der Suchergebnisse (ungefähr 7.070.000). Es wird oft als neuer IT-Trend verkauft, obwohl das Konzept und die zugrunde liegenden Technologien nicht neu sind.

Bereits in Jahr 1961 hat der Informatikpionier John McCarthy in seiner Rede zur Hundertjahrfeier des MIT die Vision offenbart, Anwendungen, Speicherkapazitäten und Rechenleistungen der Öffentlichkeit bereitzustellen (vgl. [Möl10, S. 12]). Diesen Gedanken verfolgt das Cloud Computing. Die Anbieter werben sowohl für Anwendungen als auch für grenzenlose Rechen- und Speicherkapazitäten, auf die kostengünstig über das Internet zugegriffen werden kann. Cloud Computing ist somit die Möglichkeit, auf eine Ansammlung von flexibel nutzbaren Ressourcen, die auf einer virtuellen Cloud, d.h. Wolke, angehäuft sind, zuzugreifen, ohne diese Ressourcen an einem Standort eigenständig bereitstellen zu müssen.

2.1.1 Technische Grundlagen

Um einen Einblick in die Funktionsweise der Cloud-Dienste zu bekommen, werden im folgenden Abschnitt die hierfür notwendigen technischen Grundlagen erläutert. Um die Konstruktion von Clouds zu ermöglichen, werden die zwei wichtigen Standards SOA und Webservice benötigt.

SOA ist ein Paradigma für die Strukturierung und Nutzung verteilter Funktionalität, die von unterschiedlichen Besitzern verantwortet wird (vgl. [AG12, S. 8]). Es ist ein Architekturmuster aus dem Bereich der verteilten Systeme und wurde konzipiert, um die Kosten in der Softwareentwicklung zu senken und eine Flexibilität der Geschäftsprozesse durch Wiederverwendung bestehender Services zu schaffen. Verschiedene Diensten bilden über das Internet das Kernstück von SOA, mit Diensten ist hier eigenständige Software gemeint, welche ihre Funktionalität über eine klar definierte Schnittstelle zur Verfügung stellt. In Abb. 2.1 wird dargestellt, es existieren drei Komponenten bei einer SOA, ein Dienst-Anbieter, der einen Dienst zur Verfügung stellt, ein Dienst-Konsument und ein Dienst-Verzeichnis, dort werden die vom Dienst-Konsumenten erfragten Dienste registriert. Das Dienst-Verzeichnis gibt Auskunft über die Adresse eines Dienstes, z.B. in Form eines URI. Der Dienst-Konsument kann mithilfe dieser Adresse den Dienst anfragen und erhält eine Antwort. Das Ziel der SOA besteht darin, einzelne Dienste zu koordinieren, sodass ihre Leistungen zu „höheren" Diensten zusammengefasst werden können. Einheitliche Standards und sichere Schnittstellen bilden die Grundlage, damit die Dienste miteinander kommunizieren können.

Eine Technologie zur Realisierung von SOA ist Webservice. Webservice ist eine Software-Anwendung, die über das Internet auf Basis von Standardprotokollen (z.B. HTTP oder HTTPS) angesprochen werden können. Es können dabei Daten ausgetauscht oder auf entfernten Rechnern Funktionen (z.B. RPC) aufgerufen werden.

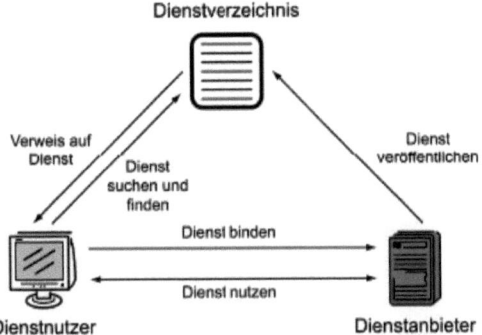

Abbildung 2.1: Funktionsweise einer serviceorientierten Architektur
Quelle: [Mel10, S. 8]

Jeder Webservice besitzt einen URI, über den es eindeutig identifizierbar ist, sowie eine Schnittstellenbeschreibung in maschinenlesbarem Format, die definiert, wie mit ihr zu interagieren ist. Der wesentliche Vorteil solcher Webservices besteht im einfachen Zusammenfügen lose gekoppelter, wiederverwendbarer Dienste zu komplexen Applikationen (vgl. [RR17, S. 37]). Die Kommunikation mit einen Webservice findet über XML-basierte REST- oder SOAP-Protokolle statt.

Im Gegensatz zu soapbasierten Webservices veröffentlicht ein RESTful-Webservice keine standardisierte Schnittstelle. Somit ist kein detailliertes Wissen über die Schnittstelle notwendig, um mit dem Service zu kommunizieren. Die Parameter für den Aufruf werden entweder in der URL oder als HTTP-Inhalt übertragen. Um einen SOAP-Webservice zu beschreiben, wird die WSDL verwendet (vgl. [BKNT11, S. 16]). Die Sprache beschreibt die Formen der ein und ausgehenden Nachrichten, verwendete Übertragungsprotokolle, Funktionen des Service und die Adresse des Service. Für weitergehende Informationen zu serviceorientierten Architekturen, Webservices und ihre technische Realisierung wird auf [BKNT11] verwiesen.

2.1.2 Die Architekturen

Cloud-Dienste, welche durch externe Dienstleister zur Verfügung gestellt werden, unterscheiden sich durch ihre „Fertigungstiefe". Je nach Serviceebenen des Cloud-Computings gibt es Bereitstellungsmodelle, mit denen die jeweiligen Dienste an den Nachfrager gebracht werden können. Dabei bildet IaaS die Grundlage der Cloud-Dienste, worauf PaaS und SaaS aufbauen. Je nach ihren Bezugsmodellen in der Anwendung unterscheiden sich auch die elementaren Organisationsformen der Cloud-

Dienste in Public- und Private- Cloud. Diese beiden Formen unterscheiden sich nicht in der technischen Realisierung, sondern in der Zugangsform.

Eine „Private Cloud ist eine unternehmenseigene, von diesem Unternehmen selbst betriebene, Cloud-Umgebung. Die Ausführung der Cloud erfolgt auf unternehmenseigenen Ressourcen. Der Zugang ist beschränkt: nur für das Unternehmen selbst, autorisierte Geschäftspartner, Kunden und Lieferanten. Der Zugriff erfolgt in der Regel über ein Intranet (eine Virtual Private Network-Verbindung). Bei einer Private Cloud handelt es sich um eine effiziente, standardisierte und sichere IT-Betriebsumgebung unter Kontrolle des Unternehmens, die aber eine individuelle, auf die Geschäftsprozesse eines Unternehmens zugeschnittene Anpassung erlaubt." (vgl. [BKNT11, S. 30])

Eine Public Cloud wird wie folgt definiert: „Public Cloud ist eine sich im Eigentum eines IT-Dienstleisters befindliche und von diesem betriebene Cloud-Umgebung. Der Zugriff erfolgt i.d.R. über das Internet. Viele Kunden (Unternehmen) teilen sich eine virtualisierte Infrastruktur. Die Nutzung erfolgt flexibel und schnell durch Subskription. Eine Public Cloud stellt eine Auswahl von hochstandardisierten Geschäftsprozess- , Anwendungs- oder Infrastruktur-Services (Service-Module) auf einer variablen, nutzungsabhängigen Basis zur Verfügung. Auf die Form und den physischen Ort der Datenhaltung, auf Compliance- und Sicherheitsaspekte hat der Nutzer normalerweise keinen Einfluss." (vgl. [BKNT11, S. 30])

Viele Unternehmen äußern Bedenken in Bezug auf die Sicherheit von Public Clouds, weil sie ihre Daten an externe Parteien übergeben müssen. Der Cloud-Serviceanbieter hat damit Zugang zu allen Daten und könnte sie versehentlich oder absichtlich für eigene Zwecke nutzen. Um dies zu umgehen, existiert der Ansatz, Daten verschlüsselt als eine Kombination der beiden Organisationsformen in der Cloud zu speichern. Bei diesem Ansatz wird eine Private Cloud auf organisationseigenen Ressourcen betrieben, jedoch hält man sich die Option offen, Aufgaben, die möglicherweise von der Private Cloud mangels ausreichender Ressourcen nicht angemessen ausgeführt werden können, mithilfe von Public-Cloud Diensten auszuführen. Wenn es hierbei möglich ist, nur Aufgaben mit sicherheitsunkritischen Daten in die Cloud auszulagern, können Vorteile einer Cloud, wie Skalierbarkeit, genutzt werden, ohne dass Sicherheitsrisiken in Kauf genommen werden müssen.

2.1.3 Vor- und Nachteile im Unternehmen

Betrachtet man die im Laufe dieser Arbeit erwähnten Merkmale von Cloud Computing, so lassen sich einige Vorteile und Nachteile ableiten.

Die Vorteile der Nutzung von Cloud-Diensten für Unternehmen bestehen unter anderem in der Einsparung von teilweise erheblichen Investitionen für Dienste, die in der Cloud bei externen Dienstleistern angemietet werden können. Dies spart Kosten bezüglich des Personals sowie auch der eingesetzten Hardware. Daraus ergibt sich außerdem, dass es keiner längerfristigen Kapitalbindung bedarf, da die Kosten für alle benötigten Dienstleistungen, wie die Nutzung von Hardware-Ressourcen oder spezieller Anwendungssoftware, in der Regel monatlich abgerechnet werden und somit gut kalkulierbar sind (vgl. [Möll0, S. 23]). Zudem liegen die Kosten für die Anmietung einer Cloud-Lösung generell deutlich unter den Kosten für die Anschaffung eigener Hard- sowie Software, die der gewünschten Leistung entsprechen.

Nachteile für Unternehmen sind die Abhängigkeit vom Anbieter, der sich möglicherweise nur unzureichend um Kunden kümmert, nicht ausreichend Kapazitäten aufbringen kann oder gegebenenfalls durch eine Insolvenz handlungsunfähig wird. Dies hätte selbstverständlich negative Auswirkungen auf alle Dienstleistungen, die ein Unternehmen bei dem betroffenen Cloud-Dienstleister gebucht und unter Umständen auch bereits bezahlt hat. Bei der Nutzung eines Cloud-Anbieters durch ein Unternehmen stellt sich auch die Frage, was langfristig am besten für den Umgang mit empfindlichen, unternehmensbezogenen Daten geschieht (vgl. [WCL+15, S. 26]).

2.1.4 Die Herausforderung

Das Thema Sicherheit stellt die größte Herausforderung im Bereich Cloud Computing dar. Bei Private Clouds kann dieses Thema teilweise vernachlässigt werden, da keine zusätzlichen Sicherheitsrisiken im internen Firmennetzwerk entstehen. Die nachfolgend angeführten Herausforderungen betreffen also vorrangig Public Clouds. Ein Hauptproblem in Bezug auf Datensicherheit ist die Lage der Cloud-Datencenter. Benutzer wissen oft nicht, wo ihre Daten wirklich gespeichert werden. (vgl. [AG12, S. 14]) Diese Daten verkörpern sensible Informationen über den Benutzer und dürfen auf keinen Fall für Nichtberechtigte zugänglich sein, daher erfolgt die Benutzerauthentifizierung oft lokal das heißt, nicht in der Cloud. Benutzerdaten sind für Dritte somit nicht zugänglich. Doch man muss bedenken, dass Cloud-Computing-Systeme i.d.R. über das Internet abgerufen werden. Deshalb müssen auch bekannte Sicherheitsprobleme wie Viren oder Hacker-Attacken berücksichtigt werden. Im Grunde muss der Cloud-Anbieter für Sicherheit sorgen, was allerdings wieder den Nachteil eines gewissen Kontrollverlustes seitens der Cloudnutzer mit sich bringt.

2.2 Geschäftsprozess- und Workflow-Management

Nachdem im ersten Teil des Kapitels die Grundlagen des Cloud-Computings erläutert wurden, befasst sich der folgende Teil mit dem Geschäftsprozess- und Workflow-Management und bildet den Einstieg ins Themengebiet.

Zu Wettbewerbsdruck, der durch die immer weiter voranschreitende Globalisierung und Internationalisierung der Märkte entsteht, kommt noch die rasante Entwicklung der neusten Technologien. Wenn Unternehmen in solch einem Markt wettbewerbsfähig sein möchten, müssen sie in der Lage sein, schnell auf Veränderungen von Märkten, Kunden und Technologien reagieren. Es sind leistungsfähige Unternehmensstrukturen erforderlich, die flexibel genug sind, sich der Dymnamik der Märkte anzupassen und es ermöglichen, Geschäftabläufe effizient abzuarbeiten. Da die Geschäftsabläufe heutzutage arbeitsteilig und dadurch sehr komplex sind, muss bei der Optimierung dieser Prozesse der Gesamtablauf betrachtet werden (vgl. [OFFD13, S. 9]). Ein Konzept, das sich hierfür bewährt hat, ist das Geschäftsprozess-Management.

2.2.1 Begriffserklärung

Geschäftsprozesse sind Abfolgen von Einzeltätigkeiten in einem Unternehmen, die dazu dienen, ein betriebliches oder geschäftliches Ziel zu erreichen. Prozesse können wie ein Projekt einmalig sein oder wiederholt auftreten. Geschäftsprozesse betreffen oft mehrere Arbeitsplätze, Abteilungen oder sogar Unternehmen und führen deshalb zu Schnittstellen- und Kompetenzproblemen mit funktionalen Zuständigkeiten (vgl. [WBSPK16, S. 12]).

Werden Geschäftsprozesse im Unternehmen aktiv geplant und gesteuert, also gemanagt, sprechen wir von Geschäftsprozess-Management oder kurz BPM. Dieses beinhaltet messbare Geschäftsprozess-Vereinbarungen zwischen Führungskräften und Mitarbeitern im Innenverhältnis und zwischen Managern und Geschäftspartnern im Außenverhältnis (vgl. [Gad17, S.10]). Hierbei dienen operative Ziele, Kontrollpunkte und Kennzahlen zur Steuerung und Messung der Prozessergebnisse. Das Ziel von Geschäftsprozess-Management besteht darin, die Geschäftsprozesse in Bezug auf Effektivität und Effizienz zu optimieren. Das erfordert eine Modellierung, Analyse und Kontrolle der Geschäftsprozesse, um kontinuierlich Verbesserungen der Geschäftsprozesse zu erreichen und um zu kontrollieren, ob die geplanten Verbesserungen tatsächlich erreicht wurden, müssen diese ständig überwacht werden. In diesem

Zusammenhang spricht man von Prozessoptimierung, genaue Ziele der Prozessoptimierung sind die Reduzierung der Prozesskosten, die Verbesserung der Prozessqua-
lität und die Erhöhung der Prozessflexbilität (vgl. [Gad17, S.10]). Die Reduzierung
der Kosten kann mit Prozessautomatisierung sowie Eliminierung überflüssiger Aufgaben erreicht werden. Die hohe Qualität eines Prozesses kann man daran erkennen,
dass der Prozess die vorgesehene Leistung fehlerfrei erbringt. Dafür werden Funk-
tionalitäten benötigt, die auftretende Fehler abfangen und ermitteln können, um in
der Zukunft Fehler zu vermeiden. Die Prozesse müssen somit innerhalb kurzer Zeit
und ohne hohe Kosten angepasst werden können.

Diese Ziele können mit dem Einsatz von Workflow-Management-Systemen erreicht
werden. Ein Workflow-Management-System soll den Ablauf eines oder mehrerer Prozesse gewährleisten und ihn mit IT unterstützen. Ein konkreter Ablauf wird durch
die Abbildung von Prozessstrukturen in Prozessmodellen ermöglicht. Hierbei spricht
man von Prozesslogik oder auch Businesslogik. Sie besteht aus einer Folge von Aktivitäten, deren Umsetzung sowohl von Menschen als auch von Computern realisiert
werden kann. Abbildung 2.2 stellt beispielhaft ein Workflow-Management-System
dar. Das System interagiert mit Mitarbeitern und Applikationen zur Erledigung

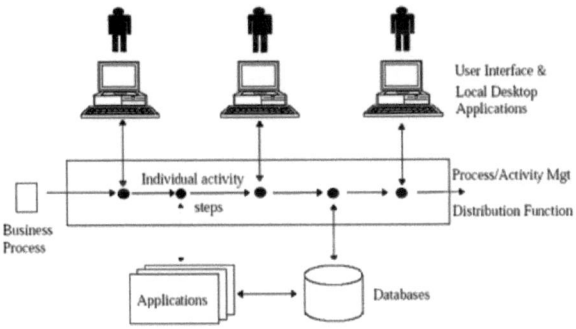

Abbildung 2.2: Workflow-Management-System
Quelle: [OFFD13, S. 22]

der Aktivitäten und bestimmt, welche Aktivität von wem ausgeführt wird. Ein
Workflow-Prozess besteht aus einer Folge von Aktivitäten und dient der Herstel-
lung des Produktes oder der Erbringung einer Dienstleistung. Abgebildet wird ein
Prozess als Graph, der aus Knoten und Kanten besteht. Die Knoten repräsentieren
hierbei die einzelnen Aktivitäten, die Kanten bilden den Kontrollfluss ab. Um die
Prozesse genau zu überwachen, werden aktuelle Informationen visualisiert und der
Status in Form eines Dashboards angezeigt. Das Workflow-Management besteht zu-

sammenfassend aus den Phasen Workflow-Modellierung, Workflow-Ausführung sowie Workflow-Überwachung und unterstützt einen Prozess über alle Phasen hinweg.

2.2.2 Ziele und Vorteile des Workflow-Managements

Workflow-Management ist eine automatisierte Prozesssteuerung, die das Ziel hat, die Qualität der Geschäftsprozesse zu verbessern, sowie die Flexibilität und Transparenz zu erhöhen. Die kontrollierte Ausführung der Prozesse gemäß dem Prozessmodell ermöglicht es zudem, die Ressourcen besser zu verwalten und effektiver einzusetzen. Räumlich und zeitlich verteilte Ressourcen können somit besser koordiniert werden.

2.2.3 Workflow-Management-Systeme

Ein Workflow-Management-System ist ein rechnergestütztes System, das die Planung, Steuerung und Protokollierung von betrieblichen Abläufen (Geschäftsprozessen) zwischen Personen in Abhängigkeit ihrer Rollen in einer Organisation ermöglicht (vgl. [Gad17, S. 13]). Begonnen wird, wie in Kapitel 2.2.1 beschrieben, mit der Modellierung der Geschäftsprozesse, das daraus resultierende Ergebnis der Modellierung ist das Prozessmodell. Im Zusammenhang mit der Prozessplanung wird der Einsatz von Personen, Anwendungen und Daten koordiniert. Anschließend kann das Modell mithilfe einer Analyse auf inhaltliche und formale Korrektheit geprüft werden. Wenn in der Analyse und Simulation keine Fehler aufgetreten sind, kann das Workflow-System seine nächsten Aufgaben wahrnehmen und mit der Instanziierung, Ausführung und Überwachung fortfahren. Mit der Ausführung werden dann die Bearbeiter und die benötigten Daten und Anwendungen ermittelt. Wird die Aufgabe eines Bearbeiters fällig, wird dieser darüber informiert. Dafür wird die bereits erwähnte Worklist verwendet, die dem Bearbeiter seine Aufgaben auflistet. Während der Ausführung werden Protokolldaten für die spätere Auswertung erzeugt. Das Monitoring der laufenden Prozesse ermöglicht es, Start- und Endzeitpunkt sowie die Ressourcenauslastung zu überwachen.

3 INTEGRATION VON WORKFLOW-MANAGEMENT UND CLOUD- TECHNOLOGIEN

Nachdem die Vorteile des Workflow-Managements und Cloud Computing- Paradigmas dargestellt wurden, untersucht dieses Kapitel die Möglichkeiten, beide Ansätze zu integrieren. Hierzu wird ein Integrationsansatz verfolgt und es wird untersucht, wie Anwendungsfunktionen nach dem Software-as-a-Service-Prinzip in einen Workflow als Human Task integriert werden können.

3.1 Software-as-a-Service als Anwendungsfunktion

Um zu untersuchen, wie SaaS in einen Workflow eingebunden werden können, wird zunächst das allgemeine Funktionsprinzip zum Einbinden von Applikationen erläutert. SaaS ist eine Software, die als Service geliefert wird und sich spezifisch auf die Onlineverfügbarkeit von Software oder Applikationen bezieht.

Applikationen werden immer nur für eine bestimmte Aktivität aufgerufen. Eine Aktivität besteht aus einer Activition Condition, einer Applikation, eine Anfrage an die Datenbank und einer Exit Condition. Die Struktur eine Aktivität wird in Abbildung 3.1 dargestellt. Zusätzlich kann eine Join Condition vorhanden sein, wenn es sich um eine Join-Aktivität handelt. Eine Join Condition ist ein boolescher Wert. Mit seiner Hilfe wird überprüft, ob alle vorherigen, mit der Aktivität verbundenen Aktivitäten einwandfrei ausgeführt worden sind oder dass zum Ausführung der aktuellen Aktivität ausreichend ist. Die Activation Condition legt fest, ob eine Aktivität gestartet werden soll. Die Exit Condition ist ebenfalls ein boolescher Wert, er wird dazu verwendet zu prüfen, ob die Aktivität wirklich ausgeführt wurde. Die Exit Condition referenziert sich auf ein Feld im Output-Container, in dem der Rückgabewert der Applikation gespeichert ist. Anhand dieses Rückgabewertes kann überprüft werden, ob die Applikation erfolgreich ausgeführt wurde oder noch weiterer Bearbeitung bedarf (vgl. [LR13, S.82]). Bei erfolgreicher Ausführung der Applikation wird die Exit

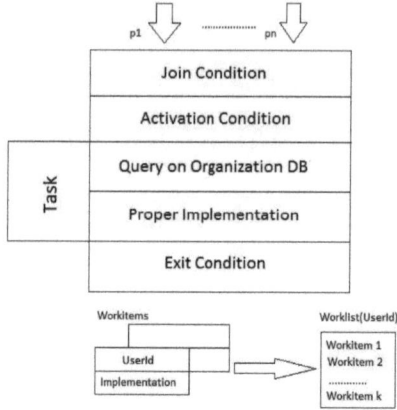

Abbildung 3.1: Aufbau einer Aktivität
Quelle: [LR13, S. 83]

Condition zu „true" evaluiert und der nächste Schritt im Prozessmodell wird abgearbeitet. Andernfalls wird der Prozess „staff resolution" ausgeführt. Dieser ist ein Prozess geeignete Personen zu finden, welche die fehlgeschlagenen Aktivität wieder auszuführen. Dabei wird eine Liste mit Personen zusammengestellt, die der Aktivität zugewiesen werden können. Es werden mehrere Personen ausgewählt, da die Aufgabe dann theoretisch erledigt wird. Das Workflow-Management-System erzeugt für jede Person ein Work Item und stellt damit sicher, dass nur eine Person die Aufgabe ausführt. Der ausführende Mitarbeiter kann mithilfe des Work Items das entsprechende Programm auf lokaler Ebene durch das Betriebssystem aufrufen oder mit RPC aufrufen (vgl. [RFBW12]). Der Client sendet bei RPC eine Anfrage an einen bekannten Server und gibt an, welche Funktion mit welchen Parametern ausgeführt werden soll. Der Server bearbeitet die Anfrage und sendet das Ergebnis als Antwort an den Client zurück.

Der im Rahmen dieser Arbeit entwickelte Ansatz zur Einbindung von SaaS als Anwendungsfunktionen im Workflow kombiniert die beiden Varianten der Programmaufrufe. SaaS wird typischerweise in einem Webbrowser ausgeführt. Das Aufrufen des Webbrowsers mit der URL zur gewünschten Anwendung ist jedoch nicht die Lösung, da der Bearbeiter zwar dann seine Aufgaben mithilfe der Anwendung erledigen könnte, aber es wäre ihm nicht möglich, dem Workflow-Management-System mitzuteilen, dass die Aufgabe erledigt wurde. Die bereits erwähnte Exit Condition kann also nicht validiert werden. Um dem Workflow-Management-System mitzuteilen, dass eine Aufgabe erfolgreich realisiert wurde, muss auf Funktionen des Enactment Service zurückgegriffen werden. Das WAPI bietet einheitliche Methoden, um auf diese Funktionen zuzugreifen. Dies ermöglicht es, Applikationen mit verschiedenen Workflow Engines zu arbeiten (vgl. [OFFD13, S. 25]). Die WAPI bietet u.a. eine Aktivitätskontrollfunktion, die den operationalen Zustand von Aktivitätsinstanzen ändern kann. Somit ermöglicht es die WAPI, Applikationen zu entwickeln, die SaaS-Komponenten in einen Workflow einbinden und bei korrekter Ausführung dem Workflow-Management-System mitteilen können, dass die Aktivität erfolgreich beendet wurde (vgl. [OFFD13, S. 25]).

Eine Option zur Realisierung eine WAPI-Applikation besteht darin, den Cloud-Dienst in einer Eingabemaske auszuführen, die mit einem Button- oder Menüeintrag ausgestattet ist, mit dem der Bearbeiter dem Workflow- Management mitteilen kann, dass die Aufgabe erledigt wurde. Dabei wird durch Aktivierung des Buttons oder Menüeintrags die genannte Aktivitätskontrollfunktion ausgeführt. Hiermit kann jede Aktivität mithilfe einer Eingabemaske (Formular), sofern es sich um eine menschliche Aktivität handelt, bearbeitet werden, welche die Eingaben des Bearbeiters erfasst. Sobald der Bearbeiter die Eingabemaske fertig ausgefüllt hat, signalisiert er mit einem Klick auf einen Button, dass er fertig ist und das Workflow-Management-System kann mit dem nächsten Schritt im Prozessmodell fortfahren (vgl. [RR17, S. 28]). Viele Cloud-Dienst bieten dem Benutzer die Möglichkeit, die Eingabemaske als HTML-Dateien selbst zu entwerfen. Die Darstellung der Eingabemaske kann dann ein Standard-Webbrowser übernehmen. Das Einbinden eines Dienstes kann z.B. über ein Inlineframe (auch „iframe" genannt) realisiert werden. Eine beispielhafte Implementierung eines solchen Workflow-Management-Systems ist Joget Workflow[1], der in folgende Abschnitt näher betrachtet werden soll.

3.1.1 Beispielhafte Umsetzung

Die folgenden Screenshots zeigen den Ausschnitt eines beispielhaften Workflows mit Joget Workflow. Für das Erstellen eines Workflows müssen zunächst Geschäftsprozesse modelliert werden. In Abbildung 3.2 wird ein Marketingautomatisierungsprozess als Beispiel modelliert. Mitarbeiter können dem jeweiligen Vorgesetzten Marketingvorschläge unterbreiten. Der Vorgesetzte entscheidet über Ablehnung oder Annahme des Vorschlags. In beiden Fälle werden Nachrichten an den Mitarbeiter und an das Workflow-Management-System gesendet. Zur Realisierung dieses Prozesses

---

[1] www.joget.org

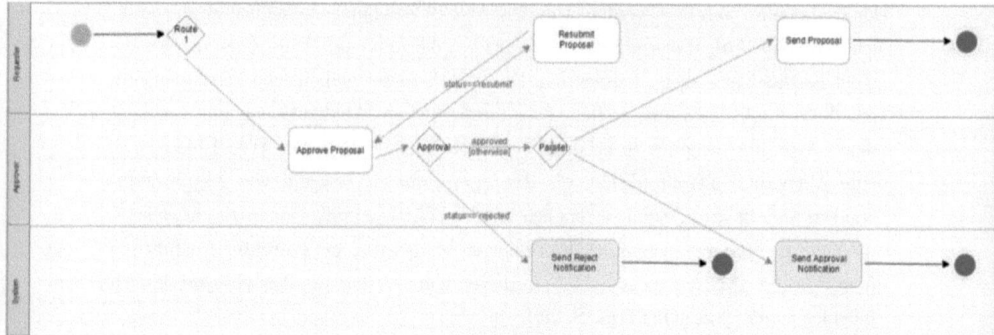

Abbildung 3.2: Beispiel eines Geschäftsprozesses
Quelle: Eigene Darstellung

wird von Joget Workflow Eingabemaske mit verschiedenen Widgets zur Verfügung gestellt. Nach der Zusammenstellung der Eingabemaske sieht eine Applikation wie in Abbildung 3.3 aus. Der Submit Button dient dazu, dem Workflow-Management-

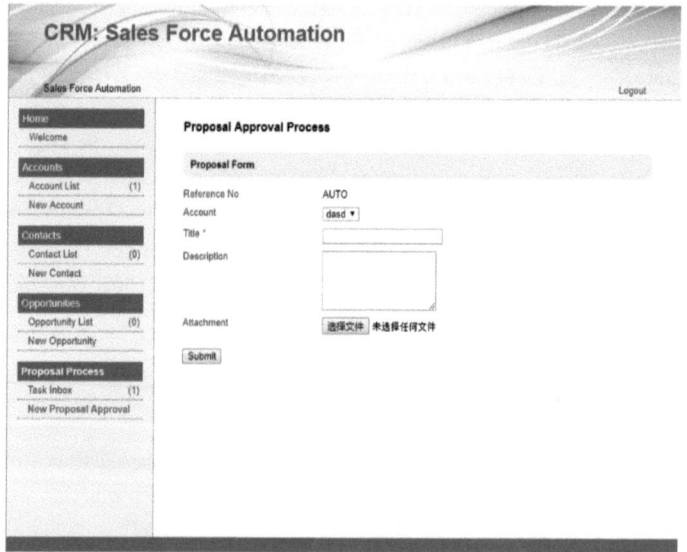

Abbildung 3.3: Beispiel einer Applikation
Quelle: Eigene Darstellung

System mitzuteilen, dass die Aufgabe ausgeführt wurde bzw. dass das aktuelle Formular gespeichert werden soll. Das Formular wird geschlossen und die Aufgabe wird auf die Worklist der zuständigen Person gesetzt. Der Prozess wird fortgeführt.

4 FAZIT

Wie in den vorangegangenen Kapiteln dargestellt wurde, bedarf der Einsatz von skalierbaren IT-Ressourcen über Cloud-Dienste einer Betrachtung und Bewertung aus unternehmerischer Sicht. Der bedarfsorientierte und effiziente Einsatz von IT-Ressourcen in Start-ups und etablierten Unternehmungen hat das Potenzial, die IT-Landschaften in Unternehmen dauerhaft zu prägen. Die neue Dynamik, die durch den Einsatz von modernen Cloud-Diensten erzeugt wurde, wird sich mit großer Wahrscheinlichkeit weiter entfalten und immer mehr Aufgabenbereiche betreffen. Um die Arbeitsabläufe einer Aufgabenbereich effizient abzuarbeiten, kommt hier das Workflow-Management-System zum Einsatz.

Kapitel drei hat gezeigt, dass die Integration von Cloud Computing und Workflow-Management nicht nur möglich, sondern auch schon weit fortgeschritten ist. Bei der Integration von Software-as-a-Service und Workflow-Management wurde eine Möglichkeit gezeigt, SaaS als Anwendungsfunktion in einen Workflow einzubinden. Die Einbindung erfolgt dabei immer über den Browser und die entsprechende URL bzw. über den Aufruf der dazugehörigen Web-Service-Schnittstelle. Das ermöglicht eine flexiblere und ortsunabhängige Ausführung der Aufgaben. Um Workflows in gewünschter Zeit und in einem bestimmten Kostenrahmen auszuführen, müssen Algorithmen entwickelt werden, welche die Ausführung von Workflows entsprechend planen und die Einhaltung der vorher festgelegten Ziele überwachen. Zusammenfassend kann festgehalten werden, dass die Integration beider Technologien viele Vorteile für das Workflow-Management mit sich bringt, aber noch weiterer Entwicklung bedarf, um das volle Potenzial von Cloud Computing nutzen zu können.

Abkürzungsverzeichnis

BPM Business Process Management

CRM Customer-Relationship-Management

HTTP Hypertext Transfer Protocol

HTTPS Hypertext Transfer Protocol Secure

IaaS Infrastructure-as-a-Service

PaaS Platform-as-a-Service

REST Representational State Transfer

RPC Remote Procedure Call

SaaS Software-as-a-Service

SOA Serviceorientierte Architektur

SOAP Simple Object Access Protokoll

URI Uniform Resource Identifier

URL Uniform Resource Locator

WAPI Workflow Application Programming Interface

WSDL Web Service Description Language

XML Extensible Markup Language

Literaturverzeichnis

[AG12]   N. Antonopoulos and L. Gillam. *Cloud Computing: Principles, Systems and Applications.* Computer Communications and Networks. Springer London, 2012.

[BKNT11]   C. Baun, M. Kunze, J. Nimis, and S. Tai. *Cloud Computing: Webbasierte dynamische IT-Services.* Informatik im Fokus. Springer Berlin Heidelberg, 2011.

[Gad17]   A. Gadatsch. *Grundkurs Geschäftsprozess-Management: Analyse, Modellierung, Optimierung und Controlling von Prozessen.* Springer Fachmedien Wiesbaden, 2017.

[LR13]   F. Leymann and D. Roller. *Production Workflow: Concepts and Techniques.* Prentice Hall PTR, 2013.

[Mel10]   I. Melzer. *Service-orientierte Architekturen mit Web Services: Konzepte - Standards - Praxis.* Spektrum Akademischer Verlag, 2010.

[Möl10]   C. Möller. *Cloud Computing: Einsatz im E-Business.* Bod Third Party Titles, 2010.

[OFFD13]   S. Obermeier, H. Fischer, A. Fleischmann, and M. Dirndorfer. *Geschäftsprozesse realisieren: Ein praxisorientierter Leitfaden von der Strategie bis zur Implementierung.* Springer Fachmedien Wiesbaden, 2013.

[Res17]   KPMG; Bitkom Research. Nutzung von Cloud Computing in Unternehmen in Deutschland. 2017.

[RFBW12]   J. Ralyté, X. Franch, S. Brinkkemper, and S. Wrycza. *Advanced Information Systems Engineering: 24th International Conference, CAiSE 2012, Gdansk, Poland, June 25-29, 2012. Proceedings.* Lecture Notes in Computer Science. Springer Berlin Heidelberg, 2012.

[RR17]   J.W. Rittinghouse and J.F. Ransome. *Cloud Computing: Implementation, Management, and Security.* CRC Press, 2017.

[WBSPK16] A. Weisbecker, W. Bauer, M. Stanisic-Petrovic, and D. Kopperger. *Dokumenten- und Workflow-Management 2016: Digitale Prozesse mit Augenmaß.* 2016.

[WCL⁺15] Z.Z.H.A. Wissenschaften, O. Christ, M. Litzke, U.E. Gysel, C. Pedron, and O. Schladitz. *IT-Sourcing-Management-Studie 2014/2015. Vom Kosten- zum Erfolgsfaktor. Crossing Borders.*:. vdf Hochschulvlg, 2015.

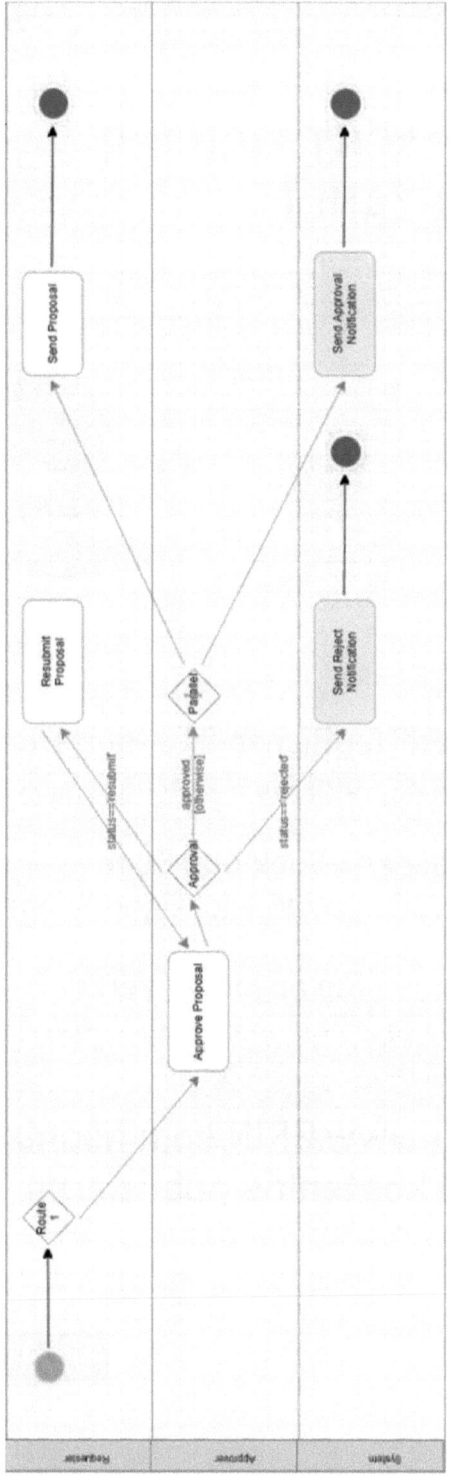

Abbildung 3.2: Beispiel eines Geschäftsprozesses
Quelle: Eigene Darstellung

BEI GRIN MACHT SICH IHR WISSEN BEZAHLT

- Wir veröffentlichen Ihre Hausarbeit,
  Bachelor- und Masterarbeit

- Ihr eigenes eBook und Buch -
  weltweit in allen wichtigen Shops

- Verdienen Sie an jedem Verkauf

Jetzt bei www.GRIN.com hochladen und kostenlos publizieren